Griot Mirim

Mara Catarina Evaristo

Livro do Professor

Mazza edições

3ª reimpressão: 2016

Capa e ilustrações
Rubem Filho

Diagramação
Pablo Guimarães

Revisão
Ana Emília de Carvalho

E921 Evaristo, Mara Catarina.
Livro do Professor / Mara Catarina Evaristo; ilustrações de Rubem Filho . – Belo Horizonte : Mazza Edições, 2006.
32 p.: il.; 15 x 15 cm. – (Coleção Griot Mirim).
ISBN 85-7160-360-X (Coleção)
ISBN 85-7160-372-3
1. Educação. I. Rubem Filho. II. Título. II. Série.
CDD: 370
CDU: 37

Produção gráfico-editorial
Mazza Edições Ltda.
Rua Bragança, 101 – Bairro Pompeia – *Telefax:* (31) 3481-0591
30280-410 Belo Horizonte – MG
e-mail: edmazza@uai.com.br • www.mazzaedicoes.com.br

Sumário

Quesito cor/raça no censo escolar 8

Continente Africano 11

Considerações sobre a diversidade étnico-racial aos olhos da criança 13

O desenvolvimento da criança e sua percepção da diversidade étnico-cultural 15

Ações pedagógicas que podem ser desencadeadas a partir da leitura da Coleção Griot Mirim 19

Sugestões de atividades 20

- Uma história puxa outras 20
- Atividades usando o nome 24
- Atividades com fantoches 27
- Atividades com tabela 29
- Uma palavra por outra – Jogo do vocabulário 30

Considerações finais 31

Referências Bibliográficas 32

Prezados Professor e Professora:

Esta coleção é um convite a trilhar pelo universo das Culturas Negras, com o olhar de criança. Tem como proposta apresentar, por meio de objetos, situações, histórias e personagens, a presença negra no Brasil.

A motivação foi a carência apontada pela sociedade, em especial por professores de Educação Infantil e Ensino Fundamental, de livros e materiais que tivessem enfoque nas Culturas Negras e o desconhecimento de atividades que pudessem ser desenvolvidas com crianças, nesta faixa etária.

A **Coleção Griot Mirim** traz no nome a sua proposta. Os *griots* na África Ocidental, em especial no país Mali, eram músicos e historiadores orais, com o trabalho de memorizar e recontar eventos e linhagens para preservá-los e garantir que estas informações não se perdessem. A maioria dos *griots* conseguia contar histórias antigas, de famílias, com músicas e canções. Constituíam um grupo separado dentro da sociedade malinense. Este conhecimento histórico se dava em família, pelos pais e mães, para que os filhos e filhas se tornassem, quando crescessem, a próxima geração de historiadores orais.

Griot Mirim procura reavivar esta tradição no universo infantil, ao apresentar histórias que favorecerão os leitores a:

- contar histórias sobre sua família e suas descobertas de mundo cotidianas;
- utilizar a oralidade, a escrita, o desenho e fotografias como forma de apresentar seu mundo e de se sentir parte dele;
- vivenciar a oralidade, como forma de registro, entretenimento e preservação da cultura;
- realizar atividades que favoreçam o envolvimento de sua família e comunidade, nas atividades promovidas pela escola, ou envolver a escola nas atividades promovidas pela comunidade;
- perceber a música como expressão de identidade cultural;
- iniciar estudos sobre Genética, Genealogia e História, de forma lúdica;
- perceber as diferenças individuais e culturais, rompendo com estereótipos; e
- explorar temas universais como: amizade, respeito, liberdade, identidade, direito à educação, esperança, ecologia, diferenças individuais, coragem, família, afeto, entre outros.

Neste Manual, apresentaremos algumas sugestões de ações pedagógicas que poderão ser desenvolvidas para aprofundar as questões abordadas pelas histórias ou demandadas pelas crianças. Mas, antes, é fundamental resgatar a concepção de que **a leitura deve ser ou tornar-se um prazer natural para as crianças.**

Assim, se nos envolvermos com as crianças na história, buscando seus aromas, cores, cheiros, sons, texturas, sabores, é certo que despertaremos a atenção delas e, a partir daí, o que poderá ser desencadeado não terá limites.

Cada história da Coleção situa-se em contextos diferentes, mas tem um substrato em comum: a identidade que, para a criança, está ligada ao reconhecimento e entendimento das características físicas que carrega, da ancestralidade, da cultura e da relação que estabelece com os outros.

QUESITO COR/RAÇA NO CENSO ESCOLAR

Desde 2005, o Instituto Nacional de Estudos e Pesquisas Educacionais Anísio Teixeira (INEP) vem coletando, junto das famílias, dados censitários sobre a formação étnico-racial das crianças matriculadas na Educação Básica.

Para contribuir com este processo, apresentamos alguns esclarecimentos quanto aos conceitos utilizados.

1. Cor ou Raça (Instituto Brasileiro de Geografia e Estatística)

Característica declarada pelas pessoas, de acordo com as seguintes opções:

- Branca
- Preta
- Amarela
- Parda
- Indígena

2. Cor, Raça e Etnia

- **Cor:** associada a características físicas.
- **Raça:** baseia-se em conceito biológico utilizado no passado e hoje reconhecido como equivocado, mas que ainda interfere nas relações sociais, promovendo a manutenção da desigualdade.

- **Etnia:** coletividade de indivíduos que se diferencia por sua especificidade sociocultural, refletida principalmente na língua, religião e maneiras de agir.

3. Como deve ser preenchido o item cor/raça?

Por autodeclaração.

> ATENÇÃO:
> Mesmo que o pesquisador ou responsável pelo preenchimento da ficha discorde, não deverá emitir opiniões. É importante compreender que vivemos em uma sociedade desigual, que nega a humanidade dos grupos não-brancos. Nem sempre é confortável para as pessoas se reconhecerem como pertencentes a um grupo não-hegemônico. Deve-se aceitar a declaração e oferecer a oportunidade de revisão a qualquer momento que o declarante desejar.

4. Quem é Preto?

São os brasileiros com ascendência africana e que se identificam principalmente com os afro-brasileiros.

5. Quem é Pardo?

São os brasileiros com ascendência africana e europeia e que se identificam principalmente como afro-brasileiros.

6. Quem é Indígena?

São os brasileiros nativos e aqueles com ascendência indígena e que se identificam com este grupo.

7. Quem é Amarelo?

São os brasileiros com ascendência oriental/asiática e que se identificam com este grupo.

8. Que é Branco?

São os brasileiros com ascendência européia e que se identificam principalmente com o grupo europeu.

9. Quem é Negro?

São os pretos e os pardos por sua ascendência africana e que se identificam com grupo étnico afro-brasileiro.

Fonte: *Documentos do Fórum Estadual Educação e Diversidade Étnico-Racial*, Rondônia, 2005.

CONTINENTE AFRICANO[1]

A África é um continente. É o segundo maior continente do mundo.

Uma boa maneira de começar um estudo do continente africano seria identificar e combater alguns dos mitos e dos estereótipos existentes. No Brasil, muitas pessoas acreditam que todos os africanos são pobres e que todos os americanos são ricos. Imaginam geralmente a África como um lugar violento, perigoso. Não veem a África como um continente, mas como um país. Desconhecem as produções literárias, filosóficas, tecnológicas, acadêmicas e científicas dos países africanos. Para grande parte da população, não há vida urbana no continente africano. Para acabar com essa visão, é necessária a divulgação de informações que modifiquem essa visão equivocada, presente no imaginário social brasileiro.

Uma sugestão seria mostrar a diversidade ambiental do continente africano, que possui muitas zonas e características climáticas diferentes, caracterizadas por desertos, florestas tropicais e também montanhas cobertas de neve. E quanto à população, no continente existem grupos de tamanhos pequenos (pigmeus) e grupos de altura

[1] Informações retiradas do texto "Ensino sobre África", de Susan H. Hume.

média superior à média da população brasileira, estrutura corporal variada, cor da pele em tonalidades diversas, com centenas de línguas e de culturas distintas. As características entre os países podem ser muito diferentes. Deve-se ter o cuidado de não apresentar o que é comum a uma das etnias africanas como a realidade de um dos países ou do continente.

Alguns jornais, documentários, desenhos, filmes e reportagens apresentam frequentemente uma visão negativa da África. Não se deve negar a existência de problemas em países africanos, tais como a pobreza, as doenças, a guerra, mas cabe-nos ter e incentivar uma leitura para além da realidade apresentada e explorar as causas desses problemas. Deve-se também apontar a mesma situação vivenciada por outros continentes. Ensinar sobre a África, com enfoque apenas nos problemas, é tão prejudicial quanto desconsiderar a História da População Negra, quando se analisarem os dados censitários do país.

CONSIDERAÇÕES SOBRE A DIVERSIDADE ÉTNICO-RACIAL AOS OLHOS DA CRIANÇA

1. As crianças percebem as diferenças e semelhanças físicas entre si.

As crianças, desde pequenas, observam as diferenças físicas entre as pessoas, especialmente a cor da pele, e sentem necessidade de explicações simples e reais sobre tais diferenças.

- Não se deve utilizar histórias religiosas ou folclóricas para responder a estas perguntas.
- É necessário cuidar para que a resposta esteja no nível de entendimento da criança.

2. Falar sobre as diferenças não aumenta o preconceito.

O conhecimento, o acesso à informação não desenvolve nas crianças o preconceito.

3. Não é bastante falar sobre semelhanças.

Ao dizer a uma criança que somos todos iguais, ou dizer que devemos ser bem tratados porque somos iguais, sem ressaltar que as culturas, as estéticas, as religiões e costumes diversos são naturais em seres humanos, poderemos reforçar que só as características similares são aceitas ou consideradas.

O DESENVOLVIMENTO DA CRIANÇA E SUA PERCEPÇÃO DA DIVERSIDADE ÉTNICO-CULTURAL

Ao observar o cotidiano infantil, constataremos comportamentos e questionamentos que, comumente, as crianças adotam ou fazem, em relação às suas características físicas e culturais, às dos colegas e como se relacionam com essas descobertas.

1. Entre 8 meses e 2 anos: é possível afirmar que as crianças percebem as características físicas, pois em algumas circunstâncias aproximam-se ou não das pessoas.

2. Aos 2 anos: as crianças tornam-se cada vez mais conscientes do gênero e sentem curiosidade pela cor da pele, cor e textura do cabelo, a forma e a cor dos olhos e outros atributos físicos. Perguntam e comentam sobre suas percepções.

3. Entre 2 e 3 anos: observam os aspectos culturais na influência do gênero. Podem também reconhecer diferenças étnicas e religiosas. Observam que algumas crianças comem determinados alimentos e comemoram feriados diferentes ou não comemoram.

4. Entre 3 e 4 anos: procuram explicações sobre as diferenças físicas individuais. As crianças demonstram maior consciência de sua estética, das semelhanças e diferenças. Perguntam sobre possibilidades de mudanças na cor da pele, se o cabelo vai se modificar quando forem maiores.

5. Aos 5 anos: começam a construir uma identidade étnica do grupo, assim como uma identidade individual. Percebem melhor a escala de diferenças e similaridades entre os grupos raciais e étnicos. Podem começar a compreender as explicações científicas para diferenças na cor da pele, na textura do cabelo e no formato do olho.

6. Entre 6 e 8 anos: tornam-se conscientes da história construída no dia-a-dia, das ações que se passam a seu redor, das situações vivenciadas por grupos étnicos, religiosos e culturais. Nesta idade, as crianças recebem forte influência da mídia e dos adultos com os quais se identificam. Neste processo, desenvolvem o sentimento de pertencimento a um ou mais grupos e podem se sentir felizes ou não, por serem quem são.

7. Entre 9 e 12 anos: as crianças demonstram maturidade para entender os aspectos geográficos e históricos das culturas e dos processos sociais de construção das diferenças de tratamento entre as pessoas. Tornam-se mais conscientes das atitudes, dos comportamentos e das relações de poder que existem dentro das instituições e espaços onde estão inseridas.

8. Uma boa parte das crianças, a partir dos 9 anos, entenderá as informações sobre os estereótipos étnico-raciais e culturais; as construções históricas que definem as relações étnico-culturais em nosso país e, também, como a visão e o tratamento preconceituoso pode afetar a vida de uma pessoa.

Assim, ao garantir às crianças, desde bebês, um ambiente rico nas possibilidades de exploração (retratos, livros, objetos, filmes, músicas, alimento, entre outros) e o convívio (amigos, profissionais) com a diversidade étnico-cultural, estaremos possibilitando-lhes um desenvolvimento saudável no campo das relações humanas.

Pequenas atenções que farão a diferença na promoção de um ambiente educativo:

- Cuidar para que os retratos, os livros, a música, os brinquedos, as bonecas, e outros materiais utilizados em sala e demais espaços da escola promovam nas crianças o sentimento de pertencimento e a compreensão de que as pessoas são diferentes em gênero, raça/etnia, idade, habilidades, religião, entre outros. Utilizar materiais que não reforcem estereótipos;
- Apresentar pessoas das diversas culturas em atividades variadas, em imagens que demonstrem os grupos socioeconômicos nos quais estão inseridas;
- Não apresentar as realidades e valores culturais do passado, como se fossem fatos contemporâneos. Da mesma forma, não apresentar imagens das pessoas em cerimônias ou comemorações festivas, como situacões cotidianas:

- Mostrar situações em que mulheres e homens fazem trabalhos dentro e fora de casa, organizações familiares diferentes e reais: famílias formadas por pai e filha ou mãe e filho, famílias onde há avós e netos, famílias "multirraciais", famílias com crianças adotadas;
- Se os materiais pedagógicos disponíveis reforçarem a exclusão, pode-se usá-los como oportunidade para ações práticas no combate à discriminação. Analisar os materiais junto com as crianças e levantar possibilidades de ação para modificar os produtos. Dentre as ações que surtem efeito, pode-se escrever uma carta coletiva, na qual sejam apontadas, à editora e/ou aos autores, sugestões para qualificar o material;
- É essencial responsabilizar e pedir a cooperação de todos os profissionais da escola e das famílias das crianças, na reorganização de espaços, valores e conduta, pois todo adulto, em determinado momento, pode ser uma referência para as crianças.

AÇÕES PEDAGÓGICAS QUE PODEM SER DESENCADEADAS A PARTIR DA LEITURA DA COLEÇÃO GRIOT MIRIM

As histórias desta Coleção reúnem saberes, experiências e demandas acumuladas por várias gerações de pessoas que lutaram e lutam por um mundo onde seja garantido às crianças negras, assim como a todas as crianças, o direito de viverem plenamente sua identidade. Assim, ao partir disso, sugerimos as seguintes ações:

- atividades de música e de Educação Física, vivências apresentadas nos jogos dramáticos que permitirão às crianças criar situações imaginárias e encenações representativas;
- a exploração de todas as dimensões artísticas;
- o aprendizado e o exercício da língua oral e escrita, conforme a faixa etária;
- a compreensão de conceitos nas áreas de Ciências e Matemática, entre outras;
- o uso de diversos recursos visuais, audiovisuais, artesanais e tecnológicos;
- o trabalho com as múltiplas linguagens como registro histórico e mecanismo de comunicação;

- atividades de exploração sensorial; e
- vivenciar as histórias, conviver com os personagens e suas aventuras, seus sentimentos.

SUGESTÕES DE ATIVIDADES

Uma história puxa outras

BEBÊS

Ouvir histórias é um grande estímulo para as crianças, desde antes do nascimento.

Os bebês gostam de livros ilustrados com figuras e desenhos, de olhar todas as ilustrações, sem pressa.

As crianças, nesta faixa etária, divertem-se com a imitação dos sons dos animais e instrumentos, vozes de pessoas que aparecem nos livros. Ficam encantadas quando podem ouvir os sons que elas mesmas produziram, por meio de gravação.

CRIANÇAS “MAIORES”

1. Ler as histórias, mostrando as imagens.
2. Refletir e analisar como cores, personagens, enredo e sequência interferem no rumo que o livro toma.

3. Pedir também que as crianças se desenhem com as roupas ou brinquedos favoritos, em atividades de que gostem.
4. Deixar que as crianças criem os próprios livros, com as cenas de um passeio que fizeram, os brinquedos preferidos, o desenho dos familiares, a situação que viveram. Se necessário, auxiliar e orientar as crianças sobre gravuras, cores.
5. Estimular as crianças, para que representem as cenas ou as falas de personagens de que mais gostaram.
6. Brincar de "Quem sou eu?"

   Após a leitura do livro, criar enigmas baseados em personagens e objetos do livro.

   Exemplo: "Sou uma criança negra. Gosto de pintar, estudar e quero muito ter um animal de estimação. Quem sou eu?"
7. Mostrar a elas uma ilustração do livro e, então, pedir que fechem os olhos. Perguntar sobre objetos e cores que aparecem na cena mostrada.
8. Fazer perguntas sobre personagens e contextos, relacionando-os entre si, como o dia-a-dia das crianças, e com os sentimentos que as páginas dos livros provocam.
   - Dizer que tipo de roupas os personagens estão usando na história (cores e/ou tipos de roupas).

- Conte o que estes personagens gostam de fazer.
- O que os personagens estão fazendo e se já fizeram o mesmo.
- Quais as semelhanças que têm com o personagem principal? Em que são diferentes?
- O que você sente, quando vê esta página? Por que você se sente assim?

9. Conversar sobre as semelhanças e diferenças entre os componentes da classe, incluindo a professora (se necessário, começar pela professora, que falará sobre si mesma: idade, características físicas, filiação, religião, preferências, etc.).

10. Trabalhar em sala as diferenças físicas: informar por que os cabelos e a pele são diferentes; relacionar a ancestralidade de cada um; falar sobre os cuidados com cada tipo de pele e cabelo; realizar desfiles com penteados afro; convidar profissionais que trançam cabelos para fazer demonstrações em sala de aula; mostrar às crianças o trabalho artístico e difícil que é a trança.
    Observação: cuidar para não restringir o cabelo crespo ao uso de tranças.

11. Exercitar com as crianças a habilidade de falar para um grupo e de ouvir as pessoas.

12. Propor que as crianças, aos pares, se observem e expressem oralmente como veem o parceiro, a professora... Comentar como verbalizam as

observações e apontar, caso haja, as palavras que incomodam, por que incomodam. Orientar também sobre a forma respeitosa de se expressar. Por exemplo: cabelo ruim, ou seja, o cabelo não realiza más ações.

- Registrar as diferenças e semelhanças encontradas. Pode-se trabalhar com gráficos. Perguntar às crianças se existe alguém totalmente igual ou totalmente diferente. Registrar as descobertas.
- Analisar, junto com as crianças, todos os dados colhidos e as conclusões a que chegaram.

13. Trabalhar com a questão dos Direitos Humanos e dos Direitos da Criança:
    - Conversar com as crianças sobre pessoas que não gostam das outras porque são pobres, negras, ciganos, ou têm religiões diferentes.
    - Deixar que falem o que pensam e sentem sobre isso. Dialogar sobre o que podem fazer para que isso não ocorra na turma, na escola e na família.
    - Observar o grupo para perceber os sentimentos de cada criança em relação às diferenças étnicas, culturais, de gênero e em relação às atividades que forem realizadas. Se ficam surpresos, chocados, curiosos, envergonhados, orgulhosos, felizes. Analisar os comportamentos e posturas de cada um e com o grupo,

sempre que necessário, para que todos possam sentir-se confortáveis e seguros.

- Visitar instituições culturais e de proteção aos Direitos Humanos, de valorização e promoção da História e Cultura da População Africana e Afro-brasileira., como o *Bloco Oficina Tambolelê* (Belo Horizonte), Instituto Mbari (Pará de Minas-MG), Fundação Helena Peninha (Belo Horizonte) e Educação pelo Tambor (Contagem-MG).

14. Confeccionar uma linha do tempo com as crianças, com tiras de papel, para que depois possam desenhar, em cada idade, o que lembram ou sabem que gostavam de fazer.
15. Auxiliar as crianças na confecção de árvores genealógicas.

Atividades usando o nome

O nome nos identifica e faz com que sejamos reconhecidos. A criança vê sentido em aprendê-lo, pois, além do significado especial, carrega um valor afetivo e a condição de pertencimento.

Por esta razão, é também um recurso perfeito para o trabalho com as letras e suas sonoridades.

A partir dos nomes das personagens **(KOUMBA, MARIANA, DANDARA, LUANDA)**, propor:

1. Uma pesquisa sobre o significado dos nomes das personagens e dos alunos. Esta atividade pode resultar numa "aventura" histórica ou geográfica, dependendo da faixa etária e das informações que forem apresentadas pelas crianças.

Abaixo, uma síntese das informações obtidas sobre o nome das personagens por meio de pesquisa, via Internet.

- **Koumba**: em Gana, quer dizer **ajudante**[2];
- **Luanda**: em Angola**, originária de Luanda, filha da luz**[3]**;**
- **Mariana**: em Hebraico, aglutinação de Maria e Ana[4],
  Maria – **senhora**,
  Ana – **cheia de graça, que tem compaixão, clemência**;
- **Dandara**: em egípcio (de Dandarah[5] ou Dendera), **lugar de culto à Deusa Háthor** (Deusa da alegria, esperança e renovação da vida)[6];
  no Brasil, **liderança nas lutas travadas pela resistência no Quilombo de Palmares.**

---

[2] Disponível no *site* do Reverend Peter E. Adotey Addo. *Griot e poeta de Gana*, África Ocidental.

[3] Disponível em: http://www.portalbrasil.net/nomes/l.htm .

[4] Disponível em: http://www.portalbrasil.net/nomes/l.htm .

[5] Disponível em: http//www.rumbo.com.br .

[6] Disponível em: http://www.proinfo.es.gov.br e http://www.santaluzialimeira.com.br

2. Que escrevam o próprio nome e identifiquem as letras que também aparecem nos nomes das personagens.

3. Identificar os nomes das personagens no caça-palavras:

D	P	A	I	B	M	E	R	L	I
A	U	D	A	N	D	A	R	A	B
R	E	B	L	P	K	A	N	K	D
P	M	A	R	I	A	N	A	L	V
K	U	D	R	M	U	L	A	N	R
L	M	A	B	K	O	U	M	B	A
D	E	U	N	I	P	I	M	R	B
A	R	L	U	A	N	D	A	V	P

Esta atividade pode se realizar acrescida dos nomes dos alunos, com variação da posição das letras (vertical, horizontal, em diagonal).

4. Representação dos nomes das personagens usando o alfabeto móvel.

5. Identificar qual personagem tem o nome com maior número de letras.

6. Criação de novos nomes usando as primeiras e as últimas sílabas das personagens. Exemplos: KORA, MADA, LUKO.

7. Descobrir nomes escondidos. Exemplos: MARIANA – MARIA – ANA – RIA – MAR.

8. Escrever os nomes das personagens em cartões, mostrar os cartões aos alunos e lê-los em voz alta, misturá-los um a um e pedir que as crianças digam que nome é.

Atividades com fantoches

O trabalho com fantoches pode ser uma possibilidade de desenvolver a percepção das identidades individuais das crianças e um ponto de partida para criar representações visuais de si mesmos.

1. Primeira atividade

Material necessário: cola, tesoura sem ponta, fotos das crianças*, pedaços de pano ou fitas*, recortes de jornais, revistas ou palavras*, embalagens de alimentos*, adesivos*, bilhetes*, capas de CD*, etc.

* Os materiais destacados devem ser solicitados previamente, para que as crianças possam trazer de casa.

- Primeiramente, apresentar uma silhueta de papelão maior e pedir à turma que ajude a decorá-lo, para que represente toda a classe.

- No segundo momento, pedir que pensem sobre como gostariam de criar uma imagem visual de si mesmos. Em seguida, apresentar uma silhueta e pedir a cada criança que enfeite com os materiais e cores com as quais se identifica.

2. Variação

Material: papel *craft*, guache nas cores preferidas de cada criança e CDs com músicas africanas.

- Dividir a turma em duplas, pedir que uma criança da dupla deite-se no chão em cima do papel, enquanto o parceiro traça seu contorno com lápis. As crianças devem, então, trocar de posição.
- Pedir, então, que cada criança recorte e pinte sua silhueta com as cores de sua preferência, movimentando o pincel no ritmo das músicas.

É importante fornecer algumas informações sobre a procedência da música e do autor e possibilitar que as crianças vivenciem o ritmo com o corpo, antes de realizá-lo com o pincel.

Atividades com tabela

Tabela de preferências familiares

Escreva o nome dos membros de sua família, nos quadros destacados. Depois, preencha com as preferências de cada um. Você pode pedir ajuda a um adulto, para preencher o quadro.

Preferências familiares	**Eu**				
Cor					
Animal					
Alimento					
Filme					

Uma palavra por outra – Jogo do vocabulário

Nos livros da Coleção, duas expressões usadas, por fazerem parte do senso comum da sociedade brasileira, podem ser trabalhadas nesta atividade. Escrever numa tira de papel a expressão:

Os negros VIERAM lá da África.

Mostrar às crianças a frase. Pedir que comentem e conversar com elas sobre as Histórias de Resistência da População Negra. Em seguida, pedir que pensem numa palavra que possa substituir esta expressão.

Mistura de muitas RAÇAS: povo brasileiro.

Mostrar às crianças a frase acima. Pedir que falem o que sabem sobre a palavra raça. Conversar com as crianças sobre o significado da palavra **RAÇA**. Apresentar a palavra **ETNIA** e o seu significado. Analisar, junto com as crianças qual a palavra que melhor define as diferenças entre os seres humanos, com relação à cultura, religião, alimentação, cor da pele, entre outras.

CONSIDERAÇÕES FINAIS

As propostas de atividades apresentadas neste livro têm por objetivo possibilitar às crianças o desenvolvimento da percepção:

- de si mesmas (com suas individualidades, diferenciações culturais, étnico-raciais e de gênero);
- de sua inserção nos grupos sociais;
- dos objetivos comuns; e
- das histórias que cada uma tem para contar.

São sugestões, pois acreditamos que você, professor(a), junto com seus alunos, certamente, desenvolverão projetos incríveis com este material. Se você quiser nos contar como foi trabalhar com a Coleção, envie um relato para o nosso endereço:

Rua Bragança, 101 – B. Pompeia
30280-410 Belo Horizonte - MG
edmazza@uai.com.br

Referências Bibliográficas:

BARROS, Rosa Maria Antunes. Trabalho pedagógico com nomes. In: *Programa letra e vida*. Coletâneas de textos, Módulo 2, São Paulo: CENP, 2003.

CAVALLEIRO, Eliane. *Do Silêncio do Lar, ao Silêncio Escolar* – Racismo, preconceito e discriminação na Educação Infantil. São Paulo: Contexto, 2000

CAVALLEIRO, Eliane. *Racismo e Anti-Racismo na Educação* – Repensando nossa escola. São Paulo: Selo Negro, 2001.

FAZZI, Rita de Cássia. *O Drama Racial de Crianças Brasileiras* – Socialização entre Pares e Preconceito. Belo Horizonte: Autêntica, 2004.

OLIVEIRA, Nelson Silva de. *Cadernos CEAP*. Vultos Negros na História do Brasil. Rio de Janeiro: CEAP, 2006.

ROCHA, Rosa Margarida de Carvalho. *Almanaque Pedagógico Afro-brasileiro*. Belo Horizonte: Mazza Edições, 2004.

SOUZA, Roselena Siviero de, CORDEIRO, Luciana Peixoto. Escolas Infantis; leitura e escrita. In: *Série Didática Pós-Piagetiana*, v. 1. Erechim: Edelbra, 1990.